BEI GRIN MACHT SICH IHR WISSEN BEZAHLT

- Wir veröffentlichen Ihre Hausarbeit, Bachelor- und Masterarbeit
- Ihr eigenes eBook und Buch - weltweit in allen wichtigen Shops
- Verdienen Sie an jedem Verkauf

Jetzt bei www.GRIN.com hochladen und kostenlos publizieren

Jan Drees, Matthias Ketteler

Umsetzung eines Portals am Beispiel des Bocholter Hiwi-Portal (BoHiP)

Lastenheft

GRIN Verlag

Bibliografische Information der Deutschen Nationalbibliothek:

Die Deutsche Bibliothek verzeichnet diese Publikation in der Deutschen Nationalbibliografie; detaillierte bibliografische Daten sind im Internet über http://dnb.d-nb.de/ abrufbar.

Dieses Werk sowie alle darin enthaltenen einzelnen Beiträge und Abbildungen sind urheberrechtlich geschützt. Jede Verwertung, die nicht ausdrücklich vom Urheberrechtsschutz zugelassen ist, bedarf der vorherigen Zustimmung des Verlages. Das gilt insbesondere für Vervielfältigungen, Bearbeitungen, Übersetzungen, Mikroverfilmungen, Auswertungen durch Datenbanken und für die Einspeicherung und Verarbeitung in elektronische Systeme. Alle Rechte, auch die des auszugsweisen Nachdrucks, der fotomechanischen Wiedergabe (einschließlich Mikrokopie) sowie der Auswertung durch Datenbanken oder ähnliche Einrichtungen, vorbehalten.

Impressum:

Copyright © 2010 GRIN Verlag GmbH
Druck und Bindung: Books on Demand GmbH, Norderstedt Germany
ISBN: 978-3-656-14371-0

Dieses Buch bei GRIN:

http://www.grin.com/de/e-book/189751/umsetzung-eines-portals-am-beispiel-des-bocholter-hiwi-portal-bohip

GRIN - Your knowledge has value

Der GRIN Verlag publiziert seit 1998 wissenschaftliche Arbeiten von Studenten, Hochschullehrern und anderen Akademikern als eBook und gedrucktes Buch. Die Verlagswebsite www.grin.com ist die ideale Plattform zur Veröffentlichung von Hausarbeiten, Abschlussarbeiten, wissenschaftlichen Aufsätzen, Dissertationen und Fachbüchern.

Besuchen Sie uns im Internet:

http://www.grin.com/

http://www.facebook.com/grincom

http://www.twitter.com/grin_com

Fachhochschule Gelsenkirchen
Abteilung Bocholt
Münsterstr. 265
46397 Bocholt

Softwaretechnik I
WS2010/2011

Ausarbeitung Aufgabenblatt 4

Praktikumsaufgabe 5

Bocholter Hiwi-Portal (BoHiP)
Lastenheft

(Stand 9.Dez 2010)

Eingereicht von

Jan Drees

Matthias Ketteler

Praktikumsgruppe: 1.5

Abgabedatum: 09.12.2010

Gliederung des Lastenhefts:

1. Zusammenfassung 3
2. Zielbestimmung 4
3. Einsatz und Benutzerprofile 5
4. Produktfunktionen 9
5. Produktdaten 10
6. Qualitätsanforderungen und Akzeptanzkriterien 12
7. Entwicklungs- und Einsatzumgebung, Schnittstellen, Nebenbedingungen .. 14
8. Glossar 15

1. Zusammenfassung

Für die Einstellung und Verwaltung der studentischen Hilfskräfte (Hiwis), die sich an der FH Gelsenkirchen Abteilung Bocholt bewerben, soll ein rechnergestütztes und webbasiertes Hiwi-Portal BoHiP (Bocholter Hiwi-Portal) eingeführt werden. Das neue System soll primär den Arbeitsaufwand beim Einstellungsprozess sowie die damit verbundenen Kosten reduzieren.

Das vorliegende Lastenheft definiert die unterschiedlichen Benutzerprofile Student, Professor, Hiwi-Beauftragter, Dekanat, Personaldezernat und Administrator und schafft einen Überblick über die Systemfunktionen der einzelnen Benutzerprofile. Darüber hinaus werden die vom Hiwi-Portal zu verarbeitenden Anwendungsdaten in der Form eines ER-Modells beschrieben.

Ferner wird auf die Punkte: Qualitätsanforderungen, Akzeptanzkriterien sowie die sonstigen Nebenbedingungen bei der Erstellung des Systems näher eingegangen.

Hervorzuheben ist hierbei die Forderung nach einer vollständigen Umsetzung der benötigten Systemfunktionen, in Verbindung mit einer einfach und intuitiv zu bedienenden grafischen Benutzungsoberfläche, für die Benutzerprofile.

Dem Lastenheft liegt ein erster vorläufiger Projektplan zur Umsetzung des BoHiP Hiwi-Portals bei. Dieser beinhaltet unter anderem eine Anforderungsanalyse, welche die Erstellung eines detaillierten Pflichtenhefts vorsieht, sowie eine Aufwandschätzung des gesamten Projekts. Die Durchführung dieser Analysenmaßnahmen wird als vorbereitendes Teilprojekt empfohlen.

2. Zielbestimmung

Das zu erstellende Verwaltungssystem für Hilfskraftverträge (Hiwi-Portal) soll schwerpunktmäßig den immensen Arbeitsaufwand reduzieren der bisher bei der Neueinstellung einer studentischen Hilfskraft entstand. Das bisherige zeitaufwendige System, dass aus einer Vielzahl von unterschiedlichen manuellen Prozessen bestand, soll durch die neue Software vereinfacht und teilweise automatisierbar werden. Die neue Software soll alle Prozesse unter einem „Dach" zusammenführen mit dem Ziel, die Verwaltungsaufwandskosten zu senken.

Es soll zudem der einfache Zugriff auf sämtliche benötigte Formulare und Anträge (in der jeweils aktuellsten Form) für alle Nutzer ermöglicht werden. Der Zugang zum System soll webbasiert über das Internet erfolgen. Der Zutritt zum System soll passwortgeschützt erfolgen und jedes Benutzerprofil hat individuelle Nutzungsrechte im System um Einstellungen vorzunehmen.

Jeder persönliche Datensatz eines Studenten soll nur einmalig im System hinterlegt werden mit dem Ziel, diesen automatisch systemintern weitergeben zu können (bspw. für das automatische Ausfüllen der unterschiedlichen Anträge und Formulare). Darüber hinaus soll für die berechtigte Nutzergruppe im System jederzeit ersichtlich sein, in welchem Bearbeitungsstadium sich ein Vorgang aktuell befindet.

Die folgende Liste fasst die Ziele noch einmal überblickartig zusammen (geordnet mit absteigender Priorität):

> ➤ Reduktion des Verwaltungsaufwandes bei der Neueinstellung von studentischen Hilfskräften mit dem Ziel Kosten einzusparen.
> ➤ Realisierung als webbasiertes System
> ➤ Sicherstellung des Zugangs zu allen benötigten Formularen und Anträgen, für die Einstellung eines Hiwis
> ➤ Vermeidung redundanter Mehrfacheingaben durch unterschiedliche Benutzergruppen

3. Einsatz und Benutzerprofile

Das Hiwi-Portal BoHiP unterscheidet die folgenden Benutzerprofile:

- Studenten
- Professoren
- Hiwi-Beauftragter
- Dekanat
- Personaldezernat
- Administrator

Im Nachfolgenden werden die einzelnen Benutzerprofile näher beschrieben:

Nach der Selektion eines geeigneten **Studenten** durch den Professor erhält der angehende Hiwi-Student die Zugangsdaten zum Portal vom Hiwi-Beauftragten. Der Student kann sich ab dem Zeitpunkt im Portal einloggen und die im System hinterlegten Anträge mit seinen Stammdaten ausfüllen. Die getätigten Eingaben werden hierbei automatisch im System gespeichert. Über eine integrierte Druckfunktion kann der Student die Online ausgefüllten Anträge ausdrucken und im Anschluss unterschrieben an den Hiwi-Beauftragten weiterleiten.

Der **Hiwi-Beauftragte** kümmert sich um die Nutzerkonto-Passwortvergabe und nimmt die Anträge von den Bewerbern entgegen. Er überprüft ob die Anträge richtig ausgefüllt wurden und bereitet im Anschluss den Vertrag vor. Danach lässt er die Anträge vom Dekan bzw. vom betreffenden Professor unterschreiben.

Der **Professor,** bei dem die Beschäftigung erfolgen soll unterschreibt den Antrag. Außerdem kann er im System Anträge und dessen Bearbeitungsfortschritt einsehen.

Der **Dekan** unterschreibt die Anträge sofern, die Finanzierung nicht aus dem Forschungsbudget des Professors erfolgt, der die Hiwi-Stelle vergibt.

Das **Personaldezernat** kümmert sich darum, dass der Vertrag vom Präsidenten bzw. seinen Stellvertretern unterschrieben wird. Nach Unterzeichnung wird der Vertrag an den Hiwi-Beauftragten zurück gesendet.

Der **Administrator** ist für die Administration des Hiwi-Portals verantwortlich. Dieses umfasst insbesondere die Benutzerverwaltung, sowie die Sicherung und die Wiederherstellung eines gesicherten Systemzustandes, als auch die Erweiterung des Systems.

Um die oben beschriebene Bearbeitungskette zu veranschaulichen wird auf der folgenden Seite eine EPK (Ereignisgesteuerte Prozesskette) abgebildet.

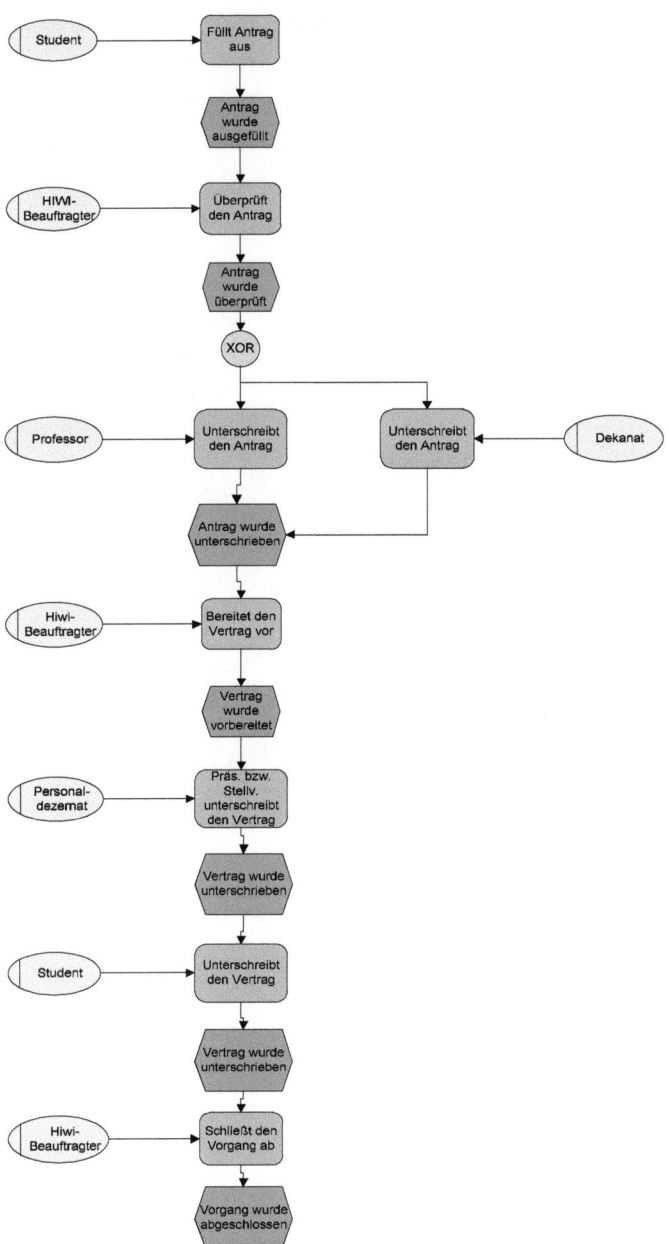

Abbildung der EPK

Das Hiwi-Portal soll als verteiltes Client-/ Server-System realisiert werden mit einem zentralen, von der FH Gelsenkirchen, Abt. Bocholt, zur Verfügung gestellten Server. Der Zugang zum Portal soll für sämtliche Benutzerprofile webbasiert realisiert werden, sodass die Benutzer das System von jedem gängigen Webbrowser aus bedienen können. Eine grafische Darstellung des Client-Server-Systems ist nachfolgend abgebildet.

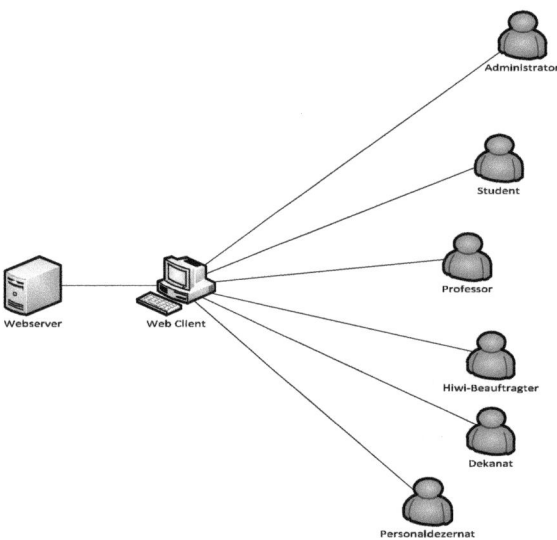

Abbildung des Client-Server-Systems

4. Produktfunktionen

Dieses Kapitel gibt einen ersten groben Überblick über die vom System anzubietende Funktionalität. Das Verwaltungssystem für Hilfskräfte bietet für die obigen Benutzerprofile die folgenden Produktfunktionen an:

Studenten:
- Onlineantragsformulare ausfüllen
- Anzeigen von Online-Hilfsstellungen zum Ausfüllen der Formulare

Professoren:
- Bearbeitungszustand einer vergebenen Stelle einsehen
- Historie der vergebenen Stellen einsehen

Hiwi-Beauftragter:
- Bearbeitungszustand einer vergebenen Stelle einsehen und/oder anpassen
- Stammdaten der Hiwi-Studenten editieren
- Aus den Stammdaten der angehenden Hiwi-Studenten automatisch einen Arbeitsvertrag erzeugen
- Historie der vergebenen Stellen einsehen

Dekanat:
- Bearbeitungszustand einer vergebenen Stelle einsehen
- Historie der vergebenen Stellen einsehen

Personaldezernat:

- ➢ Bearbeitungszustand einer vergebenen Stelle einsehen
- ➢ Historie der vergebenen Stellen einsehen

Administrator

- ➢ Benutzer verwalten
- ➢ Sicherung erstellen
- ➢ Vorhandene Sicherung wieder einspielen
- ➢ Anpassungen an der Oberfläche vornehmen
- ➢ Historie der vergebenen Stellen einsehen

5. Produktdaten

Im Folgenden werden die Beziehungen zwischen Professor, Hiwi-Stelle und Student in ein relationales Datenbankmodell überführt welches die Relationen sowie deren Datensätze und Attribute grob definiert.

Daten Hiwi- Stelle

Damit alle nötigen Daten des Arbeitsverhältnisses zwischen Hiwi und FH vereint werden können, wird eine Tabelle mit dem Namen Hiwi-Stelle eingeführt werden. Die Hiwi-Stellen werden mit einer eindeutigen StellenID versehen.

- StellenID
- Bezeichnung
- Fachbereich
- Beschreibung
- Beginn des Arbeitsverhältnisses
- Ende des Arbeitsverhältnisses
- Vergütung

Stammdaten Student

Für den Benutzer Student sollen folgende Daten gespeichert werden. Die Matrikelnummer der Studenten dient in diesem Fall als eindeutige ID.

- Matrikelnummer (ID)
- Name
- Vorname
- Geburtsdatum
- Geburtsort
- Anschrift
- Bankverbindung
- Fachbereich

Daten Professor

Für den Professor sollen folgende Daten gespeichert werden. Die ProfessorID dient hierbei als eindeutige Schlüssel-ID.

- Professor (ID)
- Name
- Vorname

Darstellung der Beziehungen als ER-Modell:

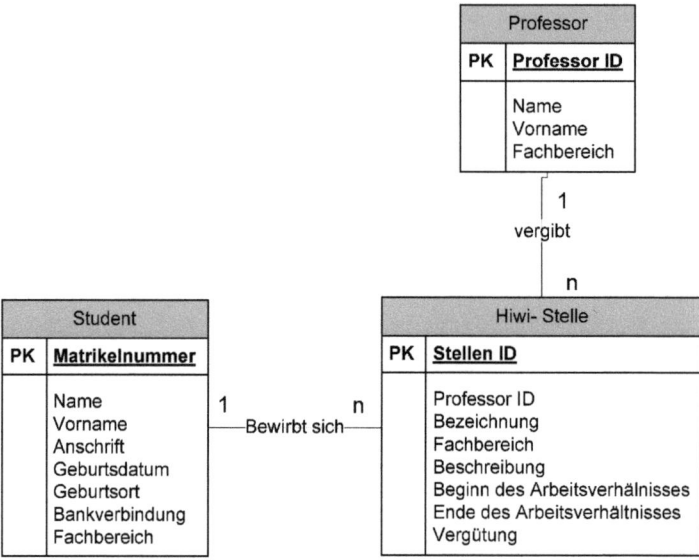

6. Qualitätsanforderungen und Akzeptanzkriterien

Funktionalität und Ergonomie

Als sehr wichtig einzustufen ist es, dass Falscheingaben durch den Benutzer automatisch vom System erkannt werden und möglichst sofort automatisch behoben werden oder zumindest durch eine eindeutige Fehlermeldung zur Berichtigung der Falscheingabe beitragen.

Robustheit und Zuverlässigkeit

Die Robustheit sowie die Zuverlässigkeit spielen eine untergeordnete Rolle. Sie stehen nicht im Fokus der Betrachtung, da erwartungsgemäß das Lastaufkommen eher als gering einzuschätzen ist.

Änderbarkeit

Das Portal soll einen offen modularen Aufbau bieten, für die Aufnahme evtl. sich neu ergebender Stellen aus neu eingeführten Studiengängen. Für die Adaption neuer Hiwi-Stellen im Portal, ist eine ausführliche Dokumentation zum Einpflegen einer neuen Stelle äußerst wichtig.

Übertragbarkeit

Der Zugang Portal erfolgt webbasiert sodass auch windowsfremde Betriebssysteme Zugang haben können wie z.B. MacOS oder Linux etc.

Sicherheit

Durch ein klar definiertes Rechtesystem soll sichergestellt werden das ändernde Funktionen im Portal nur von authentifizieren Benutzern der jeweils berechtigen Benutzergruppe durchgeführt werden können.

7. Entwicklungs- und Einsatzumgebung, Schnittstellen, Nebenbedingungen

Software

Zur Einrichtung des Systems wird ein Apache Webserver in Verbindung mit einem SQL-Server benötigt. Das vorliegende System soll mit mySQL und PHP realisiert werden. Die Benutzungsoberfläche selbst soll in HTML erstellt werden.

Das webbasierte Hiwi-Verwaltungssystem soll auf jedem gängigen Internetbrowser korrekt dargestellt werden:

- Mozilla Firefox (>=Version 3.0)
- Internet Explorer (>=Version 7)
- Opera. (>=Version 10.0)

Hardware

Spezielle Anforderungen an die Hardware sind für die Nutzer des Portals heutzutage aufgrund der fortgeschrittenen Entwicklung der Personal Computer nicht weiter gegeben.

Auf Seiten der FH soll eine Server-Client Architektur eingerichtet werden. Hierbei ist davon auszugehen das die bestehende technische Infrastruktur der FH-Gelsenkirchen bereits die nötigen Ressourcen bietet.

Orgware

Eine ISDN Verbindung ist völlig ausreichend um mit dem Portal arbeiten zu können, da nicht großartige Daten übertragen werden.

8. Glossar

Account:	Zugangsberechtigung zu einer Webseite. Üblicherweise muss ein Anwender sich beim Login mit Benutzername und Passwort authentisieren.
Authentifizierung	Vorgang der Überprüfung (Verifikation) einer behaupteten Authentizität.
Apache Webserver	Produkt der Apache Foundation und der meistbenutzte Webserver
FH	Fachhochschule
Hiwi	Wissenschaftliche Hilfskraft
Internet Explorer	freier Webbrowser von Microsoft
MySQL	Ein relationales Datenbankverwaltungssystem der schwedischen Firma MySQL AB
Mozilla Firefox	freier Webbrowser
Orgware	Beschreibt Rahmenbedingungen die nicht genau dem Bereich Hardware und Software zugerechnet werden können aber nötig sind für die vollständige Ausführung des Projekts.
Opera	freier Webbrowser

Fachhochschule Gelsenkirchen
Abteilung Bocholt
Münsterstr. 265
46397 Bocholt

Softwaretechnik I
WS2010/2011

Ausarbeitung Aufgabenblatt 4
Praktikumsaufgabe 5

Bocholter Hiwi-Portal (BoHiP)
Vorläufiger Projektplan

(Stand 9.Dez 2010)

Eingereicht von:
Jan Drees
Matthias Ketteler

Praktikumsgruppe: 1.5

Abgabedatum: 09.12.2010

Gliederung:

1. Zusammenfassung 3
2. Anforderungsanalyse 3
3. Gesamte Ablaufplanung, Meilensteine 4
4. Vorgehensmodell, Methoden, Werkzeuge 4
5. Organisationsstruktur 5
6. Personal- und Ressourcenplanung 6
7. Qualitätssicherungsmaßnahmen 6
8. Abnahmemodalitäten 6

1. Zusammenfassung

Es soll für die Fachhochschule Gelsenkirchen im Rahmen der Vorlesung Softwaretechnik 1 WS2010/2011 ein Web-Portal für die Einstellungen und Verwaltung von studentischen Hilfskräften eingerichtet werden (Hiwi-Portal). Die primäre Aufgabe des Hiwi-Portals ist es, den bisher sehr aufwendigen Einstellungsprozess von studentischen Hilfskräften zu vereinfachen mit dem Ziel Kosten einzusparen.

2. Anforderungsanalyse

Innerhalb der Anforderungsanalyse soll mit dem Pflichtenheft eine detaillierte, vollständige und konsistente Übersicht über alle Anforderungen an das Hiwi-Portal erarbeitet und dokumentiert werden. Dazu sind folgende Arbeitspakete mit einem geschätzten Gesamtaufwand von 7 Personentagen vorgesehen.

Arbeitspaket	Aufwand	geplanter Termin
Interview eines Hiwi-Beauftragten	0,5 PT	
Ermittlung der sonstigen Anforderungen	1 PT	
Überarbeitung bzw. Verfeinerung des bisherigen ER-Modells	1,5 PT	
Dokumentation aller Anforderungen im Pflichtenheft	2 PT	
Meilenstein: **Pflichtenheft ist fertiggestellt**		**1 Woche nach Projektstart**
Evtl. Überarbeitung des Pflichtenheftes	1 PT	
Projektmanagement und Koordination	1 PT	
Meilenstein: **Pflichtenheft ist abgenommen** **Angebot zur Realisierung der 1.Version liegt vor**		**10 Tage nach Projektstart**

3. Gesamte Ablaufplanung, Meilensteine

Nach erhaltenem Zuschlag und Abnahme des Pflichtenheftes Ihrerseits, welches als Vertragsgrundlage dient, könnten wir mit der Erstellung des Systems am 20.12.2010 beginnen. Die Aufwandsschätzung für die Erstellung des gesamten Systems liegt bei einer Woche. Die Arbeit wird von zwei qualifizierten Arbeitskräften mit einer jeweiligen Arbeitszeit von acht Stunden pro Tag verrichtet.

Aus der unten angefügten Grafik können Sie entnehmen welche Meilensteine wann erreicht werden sollen.

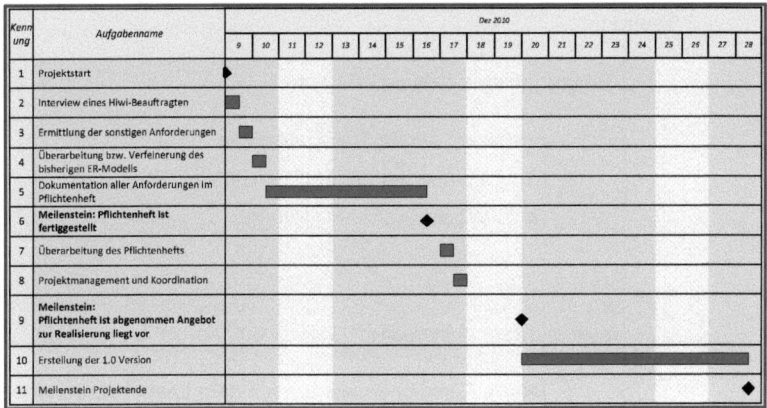

4. Vorgehensmodell, Werkzeuge

Sinnvoll bei diesem Projekt ist eine rekursive Softwareentwicklung, um die problematischen Stellen bei der Softwareentwicklung deutlich zu machen um interaktiv mit dem Auftraggeber eine Lösung finden zu können.

Werkzeuge

Die zum Einsatz kommenden Werkzeuge sind MySQL für die Datenbank sowie ein Apache-Webserver.

5. Organisationsstruktur

Leitung des Software-Projekts: Jan Drees

Teams:

Programmierer-Team (1 Person)

- Erstellung der MySQL-Datenbank
- Programmierung der Funktionalitäten (PHP etc.)
    → (1 Woche)

Layout-Team (1 Person)

- Innere Funktionen werden mit dem Layout verbunden und erstellt (HTML)
    → (1 Woche)

6. Personal- und Ressourcenplanung

Personal:

- 2 qualifizierte Softwareentwickler

Hardware:

- 1 Server und mind. 1 Client

Software

- HTML-Editor
- MySQL-Server incl. MySQL-Workbench

7. Qualitätssicherungsmaßnahmen

Der Funktionsumfang des Portals wird gründlichen Tests unterzogen in dem sämtlichen Funktionalitäten, in allen möglichen Ausprägungen, auf Fehler hin getestet werden. Es wird zudem geprüft ob es an keiner Stelle zu redundanten Dateneingaben kommt.

8. Abnahmemodalitäten

Das System würde termingerecht am 28.12.2010 ausgeliefert werden. Alle Komponenten werden installiert und eingebettet. Eine kurze Einführung in das System, wäre bei Übergabe des fertigen Systems am 28.12.2010 mit eingeplant.